Ägypten, das Land am Nil

ÄGYPTEN,
DAS LAND AM NIL

Bericht zu einer außergewöhnlichen Reise

von Peter Schulte

Bibliografische Information der Deutschen
Nationalbibliothek:
Die Deutsche Nationalbibliothek verzeichnet diese
Publikation in der Deutschen Nationalbibliografie;
detaillierte bibliografische Daten sind im Internet über
http://dnb.dnb.de abrufbar.
© 1996 (2023) Peter Schulte
Photos: Martina und Peter Schulte
Herstellung und Verlag: BoD – Books on Demand,
Norderstedt
ISBN: 9783755778752

Für Martina, die mit mir diese Reise erlebt hat. Die immer an meiner Seite steht und mir für solche Projekte den Rücken freihält.

Vorwort zur 2. Auflage

Auch wenn ich diesen Reisebericht kurz nach der Reise im November 1996 aus meinem Tagebuch zusammengestellt habe und als kleines Heft an Verwandte, Bekannte und Freunde bereits verteilt habe, eigentlich ist dies die erste, richtige Auflage.

Nun verzichte ich noch dazu weitgehend auf eine Überarbeitung, denn ich möchte die damals eingefangene Atmosphäre möglichst unverfälscht wiedergeben. Genau wie ich meine zu dieser Zeit fast noch kindliche Naivität, die ich als gutbehütetes Landei damals noch aufwies und die aus den Formulierungen spricht, dem Leser nicht vorenthalten möchte.

Es ist ein Bericht, dessen Fakten zu den archäologischen und kulturellen Highlights natürlich noch heute weitgehend Gültigkeit hat. Die zeitliche Einordnung ist jedoch entscheidend, um meine Eindrücke zu dem Land, den Menschen und vielen anderen Aspekten in den richtigen Zusammenhang zu stellen.

So fand unsere Reise in einer Zeit statt, zu der es gerade einige Anschläge auf Touristen gegeben hatte. Der schreckliche Terroranschlag auf Besucher des Hatschepsut-Tempels fand genau ein Jahr nach unserer Reise statt.

Vor diesem Hintergrund sind die von mir geschilderten Erlebnisse zu den Unwettern auf dem Nil und während der Rückreise durch die Berge nach Hurghada genau wie der Betrug des Reisebüroleiters an uns und insbesondere an den Ägyptern harmlos.

Trotzdem war der Abschluss unserer Reise - im Nachhinein betrachtet- viel dramatischer, als die hier folgenden Seiten es vielleicht vermuten lassen. Genau genommen, hatten wir riesiges Glück, heil aus der Sache herausgekommen zu sein. Während der letzten Tage unserer Reise wurden wir von den von unserem Reisebüro geprellten Ägyptern massiv bedrängt, das Geld für die Reise erneut zu zahlen. Ja wir wurden sogar in ein Auto verfrachtet, zu einem Geldautomaten gefahren und gezwungen, Geld für Nilkreuzfahrt und Hotelaufenthalt abzuheben. Auf Grund des Unwetter war jedoch der Bankautomat nicht funktionsbereit. Der Frust war allen anzumerken. Trotzdem setzen uns die geprellten Herren zum Glück heil im Hotel wieder ab, natürlich in dem Glauben, die Telekommunikationsinfrastruktur wäre schnell wieder hergestellt und sie würden in den nächsten Tagen doch noch ihr Geld erhalten.

In Deutschland erfuhren wir, dass der Besitzer unseres Reisebüros über Jahre bei einer Vielzahl von Reisen hintergangen hatte. Er hatte sich die Reiseunterlagen, die er uns überreicht hatte, auf betrügerische Weise beim Reiseveranstalter erschlichen. Mit internationalem Haftbefehl gesucht, wurde er Jahre später verhaftet und bekam seine Strafe doch noch.

Bei all den dramatischen Umständen kann man betrübliche Zeilen zu dieser Reise vermuten.

Doch es handelt sich um eine Reise, während der wir besonders viel Zufriedenheit erleben und Gelassenheit erfahren konnten und von der wir jede Menge Selbstbewusstsein mit nach Hause nehmen konnten.

Vorwort 1996

Erlebnisse werden immer wertvoller, je öfter du sie an andere weitergibst. Es bleiben trotzdem immer deine eigenen, niemand kann sie dir nehmen.

Ich möchte mit diesen Zeilen alle, die in der Zeit des Terrors und der Unmenschlichkeit in Ägypten gerne eine Reise in das Land am Nil unternehmen möchten, dazu einladen, meine Reise zu erleben. Komm einfach auf ein paar Seiten mit in die Wüste.

Inhalt

Ein Traumstart Richtung Afrika

"In sha Allah", -So Gott will: Das ist die Lebensauffassung der Ägypter, und genau daran halten Sie sich. Deutsche Pünktlichkeit ist für einen Ägypter ein Schimpfwort, oder zumindest machen sie ihre Witze darüber.

Diese Mentalität bekommen wir noch vor Beginn der Reise auf dem Flughafen zu spüren. Wir starten mit etwa eineinviertel Stunde Verspätung in Richtung Hurghada.

Die staatliche Fluggesellschaft Egypt-Air bringt uns allerdings mit gehobenem Komfort und vernünftigem Service in etwa viereinhalb Stunden sicher ans Ziel.

Der Start in Düsseldorf wird zu einem herausragenden Schauspiel:

Wenige Sekunden nach dem Start verschwinden die rasch kleiner werdenden Bauwerke und Straßen unter uns in dichten Wolken. Nur wenig später blitzt die Sonne hinter einem mächtigen Turm aus Wolken hervor und beleuchtet den Watteteppich mit ihrem gleißenden Licht. Noch ein paar Mal verschwindet sie hinter einem Wolkenberg, einige Male wird das Flugzeug dabei heftig durchgeschüttelt, dann wird der Flug ruhiger. Hin und wieder finden sich einige größere Lücken in der Wolkendecke unter uns, durch die immer wieder von der Erde her Reflexe von kleinen Seen oder Flüssen wie Signale unser Fenster erreichen. Nach etwa einer Stunde erreichen wir die ersten Vorläufer der Alpen, deren Schneefelder durch die schon sehr tief stehende Sonne rot-orange schimmern. Die Berge unter uns scheinen näher zu kommen, aber die Sonne erreicht nur noch ihre Spitzen.

Ein herrliches Spiel von Licht und Schatten treiben die Sonnenstrahlen mit den Bergwipfeln und dem Schnee, mit den Eiskristallen und dem Wolkenmeer und mit der Atmosphäre. Jetzt glitzert auch noch die silbergraue Fläche eines Sees unter uns zwischen den dunklen Bergschatten.

Seine Form gleicht der des Gardasees. Kurz nach dem Überflug wird in den Bordmonitoren die Flugroute angezeigt, dies bestätigt meine Vermutung, wir haben eines unserer früheren Urlaubsziele gerade überflogen.

Wenig später erscheinen die ersten Sterne am Fenster und unter uns zeigen sich immer wieder zwischen dichten Wolken einige Ortschaften. Wir überfliegen Italien bis in die Ferse bzw. den Absatz des Stiefels, dann über einige griechische Inseln, darunter Kreta, die wir wieder gut an den Umrissen zu erkennen glauben, die gesamte Küste ist in samtweiches Licht getüncht.

Die nächsten sehenswerten Perlenketten aus Licht säumen sich entlang des Nils, den wir zunächst für die Küste des Roten Meeres halten. Doch nachdem wir kurz darauf einiges östlich davon zur Landung ansetzen und unter uns dabei auch die Küstenregion erscheint, ist es klar, es sind die Orte längst des Nils, die dort weit im Westen direkt unter dem gerade hinter den Horizont sinkenden Jupiter ihre Lichter gen Himmel werfen.

Im Flughafen von Hurghada werden wir von unserem sehr gut deutschsprechenden Reiseleiter Achmed abgeholt. Wir haben das Glück, das wir die einzigen Gäste sind, die Achmed an diesem Abend begleitet. So sind wir mit ihm und dem Busfahrer allein im Bus und können uns gut mit ihm unterhalten. Die Straße, auf der wir uns dem Hotel nähern, ist nicht beleuchtet. Hin und wieder kommt uns ein Auto entgegen. Jeder Fahrer schaltet unentwegt das Licht an und aus oder betätigt wie wild nacheinander den Blinker links, rechts, das Warnblinklicht, das Fernlicht und dann alles wieder von vorn.

Wir fragen Achmed, was das soll. "So zeigen die Leute, dass sie fröhlich sind. Die Ägypter sind halt ein bisschen verrückt.", sagt er, „Sicher, erlaubt ist das nicht." Dann erzählt Achmed über die Anschläge, die in den letzten Jahren immer wieder auf Touristen verübt wurden.

Er sagt, die Ägypter hätten nach dem Golfkrieg Meinungsverschiedenheiten mit anderen arabischen Staaten gehabt, da man dort den Ägyptern am meisten schaden kann, wo ihre Haupteinnahmequelle liegt, hat man bezahlte Killer auf ägyptische Touristen angesetzt. Dabei hat man versucht dies auf religiöse Extremisten zu schieben. Die moslemischen Fundamentalisten spürten bald, dass ihre wahren Ziele hier nicht verwirklicht wurden. So glauben heute nur noch vereinzelte "unverbesserliche" der Koran würde sie zu solchen Taten auffordern. Fast niemand von ihnen hat aber jemals den Koran gelesen, viele sind sogar Analphabeten.

Im Hotel angekommen, gehen wir zunächst erst einmal essen. Das Buffet ist reichhaltig, obwohl wir viel zu spät kommen (ca. 21^{45} Uhr osteuropäische Zeit). Danach zeigt man uns das Zimmer im Hotel Aqua Fun.

Da wir hier nur eine Nacht bleiben, haben wir uns darauf eingestellt, nicht gerade die "Präsidentensuite" zu erhalten. Und richtig: Wir bekommen sogleich Gelegenheit, uns an die Motorengeräusche auf dem Kreuzfahrtschiff zu gewöhnen, eine kräftige Pumpe direkt neben unserem Zimmer lässt uns keine Minute schlafen. Hinzu kommt noch, dass es ungewohnt warm ist.

Morgens um vier Uhr sollen wir geweckt werden, etwa fünf Minuten später klopft es auch tatsächlich an unserer Tür, jedoch ist der junge Ägypter ganz selbstverständlich davon ausgegangen, dass wir schon wach sind, er will unser Gepäck holen. Da wir noch nicht fertig sind, bietet er uns an, in zehn Minuten wieder vorbeizukommen. Wir wissen bis heute nicht wie lang für ihn zehn Minuten sind.

Die Wüste

Etwa eine Stunde später sitzen wir in dem Reisebus nach Luxor. Der Begleiter erzählt uns, dass wir aus Sicherheitsgründen in einem Konvoi mit Polizeibegleitung fahren werden und uns deshalb mit anderen Pendlern treffen werden, um gemeinsam aufzubrechen. Dazu will man sich in der Wüste zwischen Hurghada und Safaga sammeln.

Das geschieht auch, wobei etwa drei Minuten nach dem Start von einem Konvoi nichts mehr zu erkennen ist. Hier in Ägypten herrschen andere Regeln. Dabei scheint die erste im Straßenverkehr zu sein: Widersetze dich provokativ jeder Regel!

Chaotisches Überholen ist angesagt, und von Geschwindigkeitsbegrenzungen oder Fahrbahnmarkierungen halten sie überhaupt nichts. Rechts oder Linksverkehr ist ein Fremdwort. Auch, dass eine Straße rechts und links irgendwo ihre Grenze hat, ist für einen Ägypter kein Anlass sich zu bemühen auf dem vorgesehenen Fahrstreifen zu bleiben. Im Gegenteil es scheint ihnen besonders

Spaß zu machen viel Staub aufzuwirbeln, wenn es mit dem Bus mal durch den Sand geht.

So gelangen wir in die Berge zwischen Safaga und Quena, über eine Straße, die wohl eher zum Schein einen Teerbelag aufweist, damit man möglichst neben diesem herfährt. Aus genau diesem Grund schadet es dann auch nicht, wenn der Belag irgendwo schlagartig aufhört.

Die Ränder der Straße sind von steilen Felshängen gesäumt, und obwohl im Bus noch etwa 50 weitere Personen sitzen, fühle ich mich plötzlich sehr allein, vielleicht aber auch nur einfach sehr klein.

Die rot bis dunkelocker gefärbten, sandigen Berge zeigen heftige Faltungen und dabei sehr viel fast senkrechte Felsstruktur.

Etwa auf halber Strecke machen wir Halt. Hier ist mitten in der Wüste eine Raststation. Sie ist sehr einfach, aber zweckmäßig ausgestattet. Die Menschen, die sich hier aufhalten, werden täglich durch die Touristen angezogen, denen Sie dann stolz ihre Tiere oder sich selbst für ein Foto präsentieren. Diese Dienstleistung wollen sie dann natürlich bezahlt haben. Hier hören wir das Wort das erste Mal, aber nicht nur einmal und ganz bestimmt nicht das letzte Mal: Bakshish, Trinkgeld.

Wir sind froh, als es weiter geht, denn die Fragen, wie der Nil aussieht, wie Luxor und wie unser Schiff, steigen langsam in uns hoch.

Quena, am Rande der Touristenmetropolen

Als wir nach einer holprigen Fahrt endlich Quena erreichen, spüren wir das erste Mal die Armut in diesem Land. Entlang der Straße sitzen überall Kinder und Bauern vor ihren Häusern und versuchen zu verkaufen, was sich irgendwie verkaufen lässt. Einige sieht man mit ihrem Esel riesige Bündel Zuckerrohr transportieren, andere bewässern die Felder mit hierher geleitetem Nilwasser. Auf einem Feld sitzt die ganze Familie und erntet die kleinen Pflanzen ab. Direkt an der Straße wird ein Bulle dazu bewegt, die vor ihm stehende Kuh zu decken, ein Spektakel für die Kinder.

Obwohl man hier nur zerfallene Hütten und hart arbeitende Menschen sieht, für die ein Kugelschreiber ein Luxusartikel ist, strahlen die meisten Menschen Zufriedenheit aus.

Prinzess Eman

Das Nilkreuzfahrtschiff "Princess Eman" liegt in Luxor zwischen mehr als fünfzig weiteren. Die Schiffe liegen in Zehnerreihen nebeneinander am Ufer des Nils. Da das weiße Schiff mit der blauen Schrift direkt am Ufer liegt, ist es trotz der vielen ähnlichen Schiffe recht leicht wiederzufinden. Die Passagiere, der dahinter liegenden Schiffe müssen alle durch das unsrige hindurch gehen, um auf ihres zu gelangen. Ein bisschen gewöhnungsbedürftig ist die Kajüte schon, das liegt aber mehr am Dieselgeruch in der Kabine als an ihrer Ausstattung oder ihrer Größe. Auf Deck hat man sich schnell eingelebt, schon bei der ersten gemeinsamen Mahlzeit haben wir einige der Mitreisenden kennengelernt. Die Besatzung ist äußerst freundlich und kümmert sich ausgiebig um uns. Die beiden Reiseführer empfangen uns herzlich, lassen uns, obwohl sie viel zu erklären und zu erzählen haben, genügend Zeit zum Entspannen, und so verbringen wir den Nachmittag auf Deck.

Gegen fünf Uhr am Nachmittag sinkt die Sonne zwischen die Hügel von Theben ins Tal der Könige hinab. Die bei uns in Mitteleuropa üblichen langen Dämmerungsphasen gibt es hier nicht. Innerhalb von einer viertel Stunde ist es dunkel.

Der Tempel von Luxor

Wir verbringen den Abend mit unserem Reiseführer - auf den "Führer" legt Artif wert, so
darf man sich in Ägypten nur nennen, wenn
man außer des Sprachstudiums von sechs Jahren noch ein zweijähriges Ägyptologie Studi-
um absolviert hat - im Tempel von Luxor.

Wir bleiben beeindruckt, fast überwältigt von
dem Anblick vor den Pylonen des ersten Tores
stehen. Vor diesen gewaltigen Wänden, die
mit Hieroglyphen und Reliefs so übersäht

sind, wie bei uns
einige Bahnhof-
vorplätze mit
Graffitis, stehen
zwei Figuren Ram-
ses des Zweiten.
Davor steht noch
einer von ehemals
zwei Obelisken,
der andere steht
jetzt in Frank-
reich auf dem

Place de la Concorde. Dreht man sich um, so
sieht man die alte Tempelstraße hinunter. Sie
führt gerade auf die Tempelanlage von Karnak

zu. Rechts und links stehen hunderte Sphinx. Durch die wundervolle Beleuchtung nicht nur ein Bild für Amun und seine Frau Mut, die hiesigen Götter der Anlage. Als wir durch das erste Tor schreiten, blicken wir auf gewaltige Säulen und Statuen, deren mächtiger Eindruck durch die abendliche Beleuchtung noch verstärkt wird. "Papyrus" nennt man die Art der Gestaltung ägyptischer Säulen aus pharaonischer Zeit. In Zeiten christlichen Einflusses wurde in römischem Stil angebaut. Unter moslemischem Einfluss baute man innen eine kleine Moschee.

Die Führung und die anschließende Zeit für Fotos lassen kaum Gelegenheit, die alten Gemäuer wirklich auf sich wirken zu lassen. Wir müssen uns sogar sehr beeilen, um den Bus nicht zu verpassen. Trotzdem, vielleicht weil es die erste Anlage gewesen ist, vielleicht weil wir sie in dieser gespenstischen Beleuchtung gesehen haben, kreisen die Bilder von den Steinkolossen noch lange in unseren Erinnerungen.

Der Tempel von Karnak

Auf dem Weg zum Tempel von Karnak fahren wir an den Häusern und Feldern der Bauern vorbei. Wir sehen eine Grabungsstätte, hier wird man einen Teil der alten Sphinx Allee, die die Tempel von Karnak und Luxor verbindet, restaurieren. Direkt auf der Allee, die dick mit trockenem Nilschlamm bedeckt ist, steht eine kleine Kirmes, so etwas hat man bei uns sicher in den letzten fünfzig Jahren nicht mehr gesehen. Schiffsschaukel und Kettenkarussell sind die Attraktionen. In Europa würde man damit nur noch Antiquitätensammler glücklich machen, hier freuen sich die Menschen wirklich noch über einfachere Dinge.

Für die Besichtigung der Tempelanlage lässt uns Artif nach der offiziellen Führung eine knappe dreiviertel Stunde zur freien Verfügung. Genug Zeit um sich einmal wie ein Tempelbildhauer oder Freskenmaler zur Zeit der Pharaonen zu fühlen. Oder man versetzt sich in die Rolle von Lyz Taylor vor dem heiligen See der Anlage. Eine Alternative wäre noch, als James Bond zwischen den 134 Säulen des großen Säulensaales herumzuflitzen. Doch die Erhabenheit dieser großen Steine, deren Alter fast spürbar wird, ist allgegenwärtig. Niemand kann sich von diesem Gefühl losrütteln, wenn er einmal ein paar Minuten ruhig zwischen den Säulen inne hält: Die Steine erzählen Geschichten.

Die Tempelanlage, die wie schon erwähnt- mit der von Luxor über eine drei Kilometer lange Sphinx Allee verbunden ist, ist die wohl größte Ägyptens. Dabei ist Sie aber lange nicht die schönste. Die Hieroglyphen, die sonst die Wände verzieren, fehlen beim Eintritt durch das erste Tor, und man findet hier zwei nur etwa drei Meter hohe Obelisken. Die Schriften fehlen, weil der Erbauer noch vor der Fertigstellung gestorben ist. Diesen ersten

Pylonen erbaute ein Pharao zwischen der 20. Und 30. Dynastie. Die Gottheit Amun wurde hier über 13 Jahrhunderte hinweg verehrt. Zunächst nur lokal, wurde Amun bald einer der bedeutendsten Götter.

An diesem Tempel bauten so bekannte Pharaonen wie Amenophis I., Thutmosis I. und III., Sethos I. und sein Sohn Ramses II. Auch die Königin Hatshepsut und der junge Tut-Ench-Amun wirkten in dieser Anlage.

Von Karnak aus geht es noch einmal per Bus durch Luxor, bevor wir zurückkehren auf die Princess Eman. Im Original meines Tagebuches findet sich an dieser Stelle eine Kurze Beschreibung der Eindrücke, die diese Stadt auf mich gemacht hat, doch da wir noch einmal in diese Stadt zurückkommen, möchte ich die beiden Beschreibungen in einem Kapitel zusammenfassen.

Der Nil

In den Tempeln von Luxor und Karnak haben wir sehr häufig ein Zeichen zwischen den mit Hieroglyphen übersäten Wänden gesehen, dessen Bedeutung heute mit Leben übersetzt wird. Dieses +(Ank) stand sicher schon damals in dem gleichen Zusammenhang mit dem großen Strom, wie das Leben heute: Ägypten lebt vom Nil. Und dies ist auch der erste Eindruck, den man beim Betrachten des Ufers bekommt.

Als wir Luxor verlassen und auf Edfu zusteu-

ern, hält unser Kapitän das Schiff sehr nah am linken Ufer. Wir sehen die spielenden Kinder, wie sie uns fröhlich zuwinken. Eine in schwarz gehüllte Frau trägt einen Wasserkrug auf ihrem Kopf durch das hohe Zuckerrohr rechts und links neben ihr. Zwei weitere in schwarz und drei bunt gekleidete sitzen zusammen am Ufer und spülen die Töpfe, in denen sie sicher vorher gekocht haben. Vor ihnen stehen zwei Jungen im Fluss. Sie waschen sich die Haare.

Überall stehen hier direkt am Ufer die mächtigen Dattelpalmen. Ebenfalls bis ans Ufer herunter haben die Bauern ihre Häuser gebaut, Häuser, die für uns Europäer nicht einmal als Hundehütte durchgehen würden. Nicht weil sie nicht groß genug wären, jedes hat mindestens zwei Zimmer, eines für die Familie mit zwei Betten für die Eltern und dicken Teppichen für die Kinder. Und ein Zimmer mit einem Wassertrog und ein wenig Stroh für die Tiere. Dies wäre auch für einen Europäischen Stall noch gut genug aber, diese Häuser haben kein Dach. Wozu auch, hier in Ägypten regnet es im Durchschnitt nur alle sieben Jahre einmal, und dazu nur kurz, heißt es. Außerdem staut sich unter einem dichten Dach die Hitze, deshalb ist das Haus nur mit ein paar Palmwedeln gegen die Sonnenstrahlen gedeckt.

Fließend Wasser gibt es nur im Nil, Strom ist nicht nötig, wenn es dunkel wird, brennen höchstens noch ein paar Öllämpchen in diesen Häusern. Lesen kann ehe kaum jemand, und gearbeitet wird einfach nicht mehr nach Sonnenuntergang. „In sha Allah" steht man am nächsten morgen mit der Sonne wieder auf. Das Leben ist gemütlich, wenn auch nicht besonders komfortabel. Überall schallt Gelächter oder Gesang vom Ufer herüber, und was man auch nie überhören kann: Moscheegesänge. Sicher ist die Arbeit auf den Feldern oder beim Fischfang hart, aber die Menschen sehen trotzdem zufrieden aus. Man sieht sie oft lachen, vielleicht nehmen sie ihr Schicksal einfach leichter, sehen nicht in jedem Verlust gleich ein Stück ihrer Welt untergehen, ganz nach dem Motto: Wer viel hat, kann auch viel verlieren.

Natürlich sehnen sich auch diese Menschen nach einer gewissen Sicherheit und einem "besseren Leben", aber sie sind darin nicht so verbissen, wie die meisten von uns Europäern. Noch immer verbunden mit der Mentalität des alten Nil, führen die Ägypter ihr Leben "Insha´Allah, boukra, ma lesh". So Gott will, morgen, nichts für ungut. Sie leben mit der Natur. Zwar hat der Nil seine Willkür durch den Bau des Nasser Stausees eingebüßt, aber er bestimmt noch immer den Lebensrhythmus der Menschen hier, wenn ein großer Teil dieser Rhythmik auch nur das Wachhalten alter Traditionen ist.

Die einfachen Bauern hier in Oberägypten nehmen alles mit Ruhe und Gelassenheit. Auch wenn man im Verkehr von Luxor einen anderen Eindruck gewinnen möchte, so spürt man diese Ruhe um so mehr, wenn man den Bauern beim Bewässern ihrer kleinen Ackerflächen zu sieht, oder den Besatzungen der Kreuzfahrtschiffe bei ihrer Arbeit.

Diese Ruhe ist ansteckend, und nach der Hektik, mit der wir in den ersten Tagen konfron-

tiert worden sind, am Flughafen, im Hotel und in den Tempeln, ist diese von den Ufern des Nils zu uns herüberwehende Ruhe genau das, worauf alle gewartet haben. An Deck ist nach kurzer Zeit die gleiche Stille eingekehrt. Gegen fünf Uhr genießen wir an Deck den Sonnenuntergang. Zwischen den Palmen am Nilufer schiebt sich die Sonne hinter die weit entfernten Hügel der Sahara. Jetzt ruht man auf Deck oder in der Kabine bis zum Abendessen und danach beobachten wir von Deck aus, wie wir in der Schleuse von Esna zehn Meter Höhenunterschied ausgleichen. Der Abend wird während der Weiterfahrt unter dem klaren Himmel zu einem gemeinschaftlichen (ast)romantischen Erlebnis. Irgendwann in der Nacht erreichen wir Edfu.

Der Tempel von Edfu

Am nächsten Morgen weckt uns der Dieselgeruch in der Nase. Irgendwo ist eine Leitung undicht, vielleicht das einzige wirkliche Manko auf dem Schiff. Unsere Kabine im Unterdeck lässt sich nur über die Klimaanlage lüften, weshalb auch die feuchte Luft nach dem Duschen sich noch etwas länger hält.

Irgendetwas ist anders an diesem Morgen, es ist noch nicht so hell wie am Tag zuvor. Beim Blick aus dem Fenster sehen wir, dass es bedeckt ist, ungewöhnlich für Oberägypten, soll es hier doch nur alle paar Jahre einmal regnen. Auf dem Wasser bilden sich kleine Kreise, die von den einschlagenden Tropfen auf

der glatten Oberfläche herrühren. Der Regen scheint die Menschen hier zu verunsichern, man sieht kaum noch jemanden am Anlegesteg stehen, von den sonst so zahlreichen Krims-Krams-Verkäufern.

Mit einer Kutsche geht es nach dem Frühstück vom Schiff aus zum Tempel von Horus, dem Gott mit dem Falkenkopf, Sohn von Osiris und Isis. Der Boden ist von dem Regen stark aufgeweicht und gefährlich glatt geworden, was aber kein Auto- oder Motorradfahrer davon abhält, mit der gewohnten hohen Geschwindigkeit weiterzufahren, wie gesagt, Regen ist hier sehr selten, so erkennen die Ägypter die Gefahr vielleicht nicht. Vor dem Tempel lernen wir hautnah das Geschäftsleben der Ägypter kennen, zwar sind es nur die üblichen Souvenirs, die hier angeboten werden, aber gehandelt und gefeilscht wird auf Teufel komm raus. Wenn der Verkäufer einen Preis nennt, liegt der meist vier bis fünf mal so hoch, wie der endgültige Verkaufspreis. Erreicht man nach langem hin und her diesen eigentlichen Verkaufspreis, so lobt der Händler den Käufer für sein großes Verhandlungsgeschick. Hier ist man wenigstens ehrlich. Interessant ist auch, dass zwischendurch die Verhandlung vom Verkäufer auf ein anderes Thema gelenkt wird. Er fragt, wo man herkommt, erzählt von seinen Kindern oder schwärmt davon, wie hübsch die Kundin oder wie kräftig der "Rambo" doch sei, der ihm gegenübersteht. Ganz so lustig ist es nicht mehr, wenn man etwas nicht will, die Aufdringlichkeit hier in Edfu ist kaum noch zu überbieten. Obwohl ich direkt neben Martina stehe, wird der Verkäufer bei ihr richtig fies zudringlich. Martina erzählt hinterher sauer: "Der hat sich in seinem Gahlabehja mit seinem "Obelisken" richtig an mich gepresst."

Die Tempelanlage von Edfu ist aus griechisch-römischer Zeit. Die Säulen haben drei verschiedene Grundformen, die ganz alten Papyrussäulen, die Lotussäulen und die Palmensäulen. Dabei gibt es noch ältere Säulen, die dem Stroh als Baumaterial nachempfunden wurden. Typisch für Oberägypten sind eigentlich die Palmen und die Lotussäulen.

Vor dem großen Eingangspylonen steht ein großer Falke, Horus. Die Wandbeschriftung in diesem Tempel ist oft nicht wie in Luxor und Karnak eingeritzt in den Stein, sondern erhaben. Ein Bild zeigt wie kein anderes, wie verbunden die alten Ägypter mit dem Nil gewesen sind. Es zeigt eine Szene, bei der jemand mit

Wasser gewaschen wird. Der Wasserstrahl wird symbolisiert von dem schon erwähnten Zeichen für Leben ♀ und dem Ꞽ, dem Schakalkopf auf einem Stab, Zeichen für Kraft.

In dem Recht dunklen Gemäuer des zweiten Saales spricht uns einer der vielen "Reiseleiter" an, die überall in den Tempeln stehen und den Touristen die schönsten Fotomotive des Tempels zeigen wollen, gegen Bakschisch versteht sich. Dieser zeigt uns einen dunklen Gang, der in eine Wendeltreppe führt. Beim Aufsteigen erzählt er uns von seinen fünf Kindern und seiner Frau, die wieder schwanger ist. Er scheint stolz zu sein, dass er uns diese Treppe zeigen konnte und wir sind wirklich beeindruckt. Der Ausgang zum Dach ist zwar wegen der Baufälligkeit der fünftausend Jahre alten Gemäuer gesperrt, doch allein der Weg hierher ist ein Abenteuer. Selbst diese im ewigen Dunkel liegenden Wände sind mit Gemälden übersät. Und hier finden wir auch den Grund, warum er uns von seiner Frau erzählt. Eines der Gemälde zeigt die Göttin Isis mit ihrem Sohn Horus im Leib. Hier gibt es so viel zu entdecken, und als wir nur zu zweit sind, kommen wir uns wirklich fast vor, wie die

ersten Entdecker, schade, dass uns so wenig
Zeit bleibt.

Der Tempel von Kom Ombo

Am Nachmittag fahren wir bei wieder herrlichem Sonnenschein die Strecke von Edfu nach Kom Ombo. Die gemütliche Ruhe auf dem Sonnendeck wird durch nichts unterbrochen. Kurz bevor die Sonne hinter den Palmen am Ufer verschwindet, bestellen wir uns den von Artif empfohlenen Tee, Martina trinkt einen Hibiskustee, der kalt seviert wird. Ich trinke den landestypischen Shei, der schwarze Tee wird mit viel Zucker gemischt und mit heißem Wasser und viel Milch übergossen. Man trinkt ihn aus Longdrink-Gläsern, das Gebräu sieht etwas gewöhnungsbedürftig aus, schmeckt aber hervorragend. Ebenso gut ist der türkische Mocca hier auf dem Schiff.

Nach Sonnenuntergang erreichen wir die Anlegestelle von Kom Ombo. Als wir das Schiff verlassen, bemerken wir, dass der Wind etwas aufgefrischt hat. Wir steigen den Bootssteg hinauf und erreichen über einen etwas steileren Weg den Eingang des in gelbliches Licht getünchten Tempels der beiden Götter Haroeris und Sobek. Der Tempel liegt auf einem Hügel, dadurch entsteht ein etwas schauriger Eindruck. Wir bleiben ehrfürchtig stehen, als es beim Durchschreiten des Eingangs windiger wird und uns der Sand um die Beine fegt. Die Ruinen entlocken dem Wind gruselige Töne und der Himmel wirkt plötzlich, von grellen Blitzen geteilt, bedrohlich. Die in weite Gewänder gehüllten Tempelwärter werden durch die heran gewehte Atmosphäre zu gespenstischen Gestalten. Artif zeigt uns passend zu diesem Szenario ein Relief, welches die medizinischen Geräte pharaonischer Zeit zeigt. Wir gehen in Deckung vor dem heranfliegenden Sand, die kräftige Brise ist innerhalb kurzer Zeit zu einem heftigen Sturm gereift. Als wir den Schutz der alten Mauern verlassen, spüren wir die Kraft des sandigen Windes, mit der er seit Jahrtausenden an den Felsen nagt. Wir beeilen uns, die Princess Eman zu erreichen.

In der Nacht geht es weiter Richtung Süden.

Asswan, ein nubisches Märchen

Schon am frühen Morgen brechen einige der Reisegruppe von Asswan oder Assuan nach Abul Simbel auf. Uns ist das Tempelprogramm

zu vollgepackt, und so entscheiden wir uns für einen Bummel durch die Basarstraßen von Asswan.

Dieser Ort hat noch sehr viel von seiner Ursprünglichkeit erhalten.

Wir verlassen die Straße, die das rechte Nilufer säumt, in Richtung Basar durch eine schmale Gasse. Nach einigen Metern steigen uns schon die ersten Düfte in die Nase, doch auch wenn die Provinz Asswan bekannt ist für die weltbesten Parfüm-Essenzen, so sind es hier andere Gerüche, die sich zu einem für europäische Nasen undurchdringlichen Dschungel von Aromen vermischen. Es riecht nach Sandelholz und Safran, Hibiskus und Lotusblumen, geräuchertem und abgehangenem Fleisch, Knoblauch und frischem Brot, Hühnermist, frischem Grün, Tabak und Tee, Wasserpfeife und Eselschweiß. Hier sitzen ein

paar Frauen in schwarze Gewänder gehüllt und verkaufen Kleinvieh, dort lädt ein Bauer seine Eselskarre, bis oben mit exotischem Gemüse bepackt, ab. Nebenan rasiert der Friseur den Schnauzer eines alten Nubiers und der Obstbauer schreit die Preise für seine Angebote über die Straße. Direkt gegenüber brüllt die Konkurrenz zurück. Ebenso rufen die Gemüsebauern, die Gewürzhändler und die Tabakverkäufer - alle so laut es geht- ihre Werbeslogans in nubisch in die Menge. Diese Sprache versteht kaum ein Ägypter, es ist mehr als nur ein arabischer

Dialekt, klärt Artif uns später auf. Dieser erste Eindruck vom Markt in Asswan hinterlässt bei mir eine bleibende Erinnerung.

So ein "gemütliches Chaos" gibt es sonst wohl

kaum irgendwo. Der Fleischer bereitet seine Ware direkt auf der Straße zu, so dass die Abfälle auf eben dieser Straße abtransportiert werden müssen, auf Eselskarren natürlich. All dieses Durcheinander scheint kaum entwirrbar zu sein, ein Durchkommen unmöglich, doch plötzlich ist man dort wo man hin wollte und das Chaos liegt hinter einem. Die Aufdringlichkeit, die wir in Edfu kennen gelernt haben, gibt es hier nicht, zwar sprechen uns auch hier die Souvenirverkäufer an oder die Kinder versuchen ein paar Bonbons abzustauben, aber alles ohne dieses extreme Drängen. Wenn die Kinder ein Bonbon bekommen haben, laufen sie zufrieden davon, sie betteln nicht noch zusätzlich um Geld. Dies liegt sicher an den wenigen Touristen, die sich nach hier her in die Seitengassen verirren, aber auch an den Menschen hier, die viel afrikanischer sind als die Ägypter im Norden.

Hier werden die Bongos geschlagen was das Zeug hält und dazu ein rhythmischer Wechselgesang angestimmt. Asswan ist schon seit Jahrhunderten Umschlagplatz für alle Arten von Waren aus Schwarzafrika, zurzeit wird der Handel allerdings durch die schlechten Beziehungen zwischen Ägypten und dem Sudan erschwert. Nach dem Bau des Hochstaudammes ist der Handel jedoch ehe stark zurückgegangen. Von diesem Markt träume ich heute noch manchmal.

Nach unserem kleinen Stadtbummel besuchen wir das wohl bekannteste Hotel Oberägyptens, das Old-Cateract. Hier wurden Schlüsselszenen des Films "Tod am Nil" gedreht.

Der Nachmittag bietet uns die Gelegenheit, dem großen Nil noch etwas näher zu kommen. Die Fahrt auf einer Feluka, einem für Oberägypten typischen Segelboot, lässt die Ruhe mit der der Nil durch sein Bett fließt fasst unheimlich wirken. Wir umfahren eine der Elefanteninseln. Diese heißen nicht etwa deshalb so, weil die Felsen ihrer Küsten aussehen wie badende Elefanten, sondern weil sie einmal Umschlagplatz für Elfenbein gewesen sind. Nach dem Abendessen lädt uns Artif zu einem Bekannten ein der Coffeshop-

Besitzer ist. Zunächst gehen wir über den touristisch erschlossenen Teil des Marktes von Asswan. Hier ist es gegenüber dem einheimischen Markt eher langweilig, da in der Hauptsache nur das verkauft wird, was von den Reisenden hier in Asswan erwartet wird. Gewürze, Parfüm, Wasserpfeifen und natürlich die typischen Souvenirs, wie kitschige handgeschnitzte Kamele oder bemalte Bananenblätter die man uns als echtes Papyrus verkaufen will. Alles natürlich -wie immer- ganz billig.

Der Abend wird mit der Wasserpfeife am Coffeeshop wieder interessanter. Zwar schmeckt der kalte Rauch intensiver als der einer Zigarette, aber auch nicht so, dass ich mir das Rauchen angewöhnen könnte. Die Runde wurde immer fröhlicher, so gingen wir dann am späteren Abend an Deck um uns von ägyptischer Folklore und einer Bauchtanzeinlage verwöhnen zu lassen.

Der Nasser-Stausee

Am nächsten Morgen fahren wir zu dem, der alles verändert hat im Land des Nils. Er ist kein Pharao oder Gott, und doch beherrscht er heute das Leben am Nil von Alexandria bis Asswan. Und er trägt immerhin den Namen eines Präsidenten, der Hochdamm des Nasser Stausees. Hier in der oberägyptischen Wüste wird die Stromversorgung für das ganze Land sichergestellt. Die Bewässerung ist ganzjährig geregelt und die schweren Flutwellen gehören der Vergangenheit an.

Sicher ist dieser Damm -auch aus ökologischer Sicht- nicht ganz unbedenklich, für die meisten Wassertiere ist der Damm eine unüberwindliche Sperre. Das Klima im oberen Niltal hat sich verändert, und durch das schnelle Trocknen der bewässerten Flächen versalzt das Ackerland schnell. Das natürliche Düngen der Ackerflächen durch das Anreichern von Nilschlamm auf den Feldern bleibt aus, so dass der Boden noch zusätzlich belastet wird. Der Nilschlamm fehlt aber noch an anderer Stelle, und zwar den ärmeren Bevölkerungsschichten als Baumaterial für ihre Häuser.

Bodensenkungen durch den gleichmäßig niedrigeren Wasserstand lassen die Tempel wanken. Schon heute sind einige einsturzgefährdet. Viele Kulturgüter sind damals in dem sich 500 km zurückstauenden Nil untergegangen.

Bereits der erste Damm hat damals Tempel bedroht. Die deutsche Firma Hoch-Tief versetzte im Nachhinein den Tempel der Isis von der Philea-Insel auf eine andere Insel, eine unglaubliche Leistung.

Wir besuchen diesen Tempel, jedoch ist unser Kulturhunger zumindest im Bereich Tempel langsam gesättigt, und so genießen wir hier vor allem den besonderen Flair der durch die künstlich entstandene Insellage hervorgerufen wird.

Der Hochdamm wird, wie in vergangener Zeit die Tempel und Gräber, vor ungebetenen Gästen geschützt. Er ist nur durch eine Sicherheitszone erreichbar. Dieses moderne Monument hat mehr verändert als nur den Wasserstand des Nils, hier gehen seitdem die Uhren anders, niemand muss noch auf die Zeit der Überschwemmung im Juni warten, bis er seine Felder bestellen kann, so werden in diesem immer warmen Klima im Niltal mehrere Ernten pro Jahr möglich. Dies fällt uns auf, durch den unterschiedlich hohen Wuchs des Zuckerrohrs auf den Feldern.

Der durch die Klimaveränderungen im oberen  Niltal etwas häufigere Regen, mag der hier lebenden Bevölkerung willkommen gewesen sein, andere Auswirkungen waren jedoch viel einschneidender.

Den sehr traditionsliebenden Nubiern, die in den jetzt unter Wasser stehenden Dörfern gelebt haben, wurde mit der Umsiedlung in die Gegend zwischen Kom Ombo und Asswan ihre Heimat genommen. Und damit ihre Identität. Hier mussten Familien nicht nur aus einem Dorf in ein benachbartes ziehen, sondern viele Hundert Kilometer weiter nördlich in eine fremde Kultur.

Am Nachmittag besichtigen wir eine Parfüm-
fabrik. In Asswan werden sehr viele Essenzen
für die bekanntesten Düfte der Welt gewon-
nen.

DER GELBE NIL

Danach geht es wieder Nil abwärts. Den sonnigen Nachmittag verbringen wir auf dem Oberdeck. Wir lassen uns mit einem Shei und türkischem Mocca verwöhnen, während die traumhaft schöne Landschaft an uns vorüberzieht. Wir sehen die Bauern auf ihren Feldern, ein paar ältere Männer beim Angeln und die Kinder beim Spielen am Ufer. Eine Passagierin verteilt Luftballons, die wir den Kindern zuwerfen, als das Schiff in nur geringem Abstand vom Ufer an ihnen vorbeifährt. Die Kinder können es kaum abwarten, bis die Ballons ans Ufer getrieben sind, sie steigen in ihre Boote oder springen gleich ins Wasser, alles mit riesigem Begeisterungsgetöse.

Einige Kilometer stromabwärts haben sich die Frauen eines Dorfes zum Waschen verabredet, das Ufer wird zu einem bunten Flickenteppich aus Tüchern, T-Shirts, Hosen und Galahbehjahs. Auf den Wiesen spielen die Kinder. Ein paar ältere Jungen waschen im Nil einen Esel, zwei Männer angeln.

Einige Minuten später und ein gutes Stück Flussabärts ist von dem Dorf nichts mehr zu

sehen. Hier finden wir am Ufer nur unberühr-
te Natur. Wir fahren an einem im Wasser
stehenden Baum vorbei, der statt mit Früch-
ten über und über mit Vögeln behängt ist,
Ibisse, die sich hier sicher für die Nacht
sammeln.

Es wird windiger, wir spüren eine Briese des
aufpeitschenden Nilwassers auf Deck und von
den Ufern her weht der Sand bis auf unser
Schiff. Sonst bemerken wir von dem Sturm

aber nichts, unser Schiff liegt wei-
terhin genauso ruhig auf dem
Strom, der jetzt gekräuselte, schaumige Wellen wirft.
Zum Sonnenuntergang lässt der Wind wieder
nach, wir treffen uns unter Deck, wo uns Artif einige Informationen zur Situation des
Landes und seinen Menschen gibt. Er spricht
Traditionen, Politik und Wirtschaft ebenso an
wie soziale Fragen. Viele Fakten, die in diesem
Buch zu finden sind, sind Gesprächen mit ihm
entnommen. Er hat uns das Land so nahege-

bracht, wie dies in einer Woche unter den Umständen nur irgendwie möglich gewesen ist. Vielleicht hat er die Probleme des Landes und negative Aspekte ein wenig zu kurz kommen lassen, aber er hat sie wenigsten angesprochen. Wir danken ihm für seine wirklich sehr gute Reiseführung.

Nach dem Informationsabend wird es richtig arabisch. Wir kleiden uns in Gahlabehjah und Tücher und essen heute, anders als sonst, wo die Küche sehr an europäische Verhältnisse angepasst gewesen ist, typisch ägyptisch. Nach dem Buffet gibt es dann eine Feier mit nubischer Folklore, dazu ist die gesamte Mannschaft gekommen und zaubert afrikanische Rhythmen und Klänge aus ihren Instrumenten. Die Party wird zu einer echten Gemeinschaftsfeier, zu der auch die Jungs aus dem Maschinenraum gehören.

In dieser Nacht durchfahren wir einen Teil des Nils in einer Farbe, wie es ihn wohl nur nach kräftigen Regenfällen gibt. Das ist der sprichwörtliche gelbe Nil, den wir in dieser Nacht noch von seiner grausamen Seite erleben sollten. Wir fahren an einem Kreuzfahrtschiff vorbei, das bis zum zweiten Deck im

Wasser versunken ist. Zunächst heißt es am nächsten Morgen, das Schiff wäre auf dem Weg zur Werft gewesen. Später erfahren wir, dass von den 130 Menschen an Bord noch einige vermisst werden, und drei schon tot geborgen wurden.

Es ist in dem Sturm, von dem wir ein paar Stunden zuvor die Ausläufer bemerkten, gekentert.

Artif erzählt uns später, dass dieses Schiff im nächsten Frühjahr von unserer Reisegesellschaft gechartert werden sollte. "Jetzt wohl nicht mehr", meinte er und lächelte ein bisschen unsicher. Artif kann nicht schwimmen.

Eine Kutschfahrt durch Luxor

In Luxor angekommen, soll es nun eigentlich ins Tal der Könige gehen, doch auch hier hatte der Sturm gewütet, der Regen alles aufgeweicht. Da die Wege kaum befestigt sind, sind die Grabstätten unzugänglich, so dass sich der Besuch verschieben muss.

Innerhalb unserer ersten Woche hat es hier in Ägypten nun schon das zweite Mal geregnet, dabei soll der Durchschnitt bei alle sieben Jahre mal liegen. So lange sind wir aber nun "weiß Allah" nicht in der Wüste.

Statt der königlichen Gräber steht nun also eine Fahrt mit der Kutsche durch Luxor auf dem Programm.

Der Kutscher schaut mit seinem einen Auge, das andere ist wohl Opfer der am Nil häufig vorkommenden Bilharziose geworden, über seine Schulter und fragt mich, ob ich nicht die Kutsche durch die engen Gassen steuern will. Obwohl ich ablehne, drückt er mir die Zügel in die Hand. Da er mir nicht erklärt, was ich damit anstellen soll -er dreht sich lieber zu den netten Passagierinnen hinter sich um und unterhält sich- vermute ich, das Pferd wird schon wissen, wo es lang geht.

Irrtum! Und so nehme ich die Zügel fester in die Hand. Die Gassen werden enger, überall laufen die Marktbesucher und die Händler durcheinander, wir befinden uns mitten im Chaos eines orientalischen Basars und ein Europäer, der nichts von Pferden versteht, soll durch dieses Wirrwarr von Menschen eine Kutsche steuern. Ich nehme dabei kaum etwas von dem Flair des Marktes von Luxor wahr, sondern viel mehr von der Panik in den Augen der Einheimischen, die laut rufen: "Mensch Meier, Allemane!" Und die dann hektisch die Flucht ergreifen oder nur ein bemitleidendes Lächeln für mich übrighaben, je nach Entfernung zu unserem Gefährt.

Erster Halt unserer Kutsche ist ein Zuckerrohrsaftstand. Der Saft schmeckt ein bisschen wie eine Mischung aus Zuckerwasser und Bananenmilchshake mit einem leichten Grasaroma. Mein Urteil: Echt lecker!

Danach geht es zum Goldschmied, eher eine Verkaufsveranstaltung, obwohl die Schmuckstücke wirklich ausgefallen schön sind.

Die Rückfahrt zum Schiff wird noch einmal zu einem richtigen Streitwagenrennen, vielleicht erhoffen sich die Kutscher ein größeres Bakshish von den Passagieren, wenn sie gewinnen. Vielleicht vergessen sie auch in solchen Momenten ihre Sorgen völlig. Das müssen sie schon, denn ihr Pferd ist ihr gesamtes Kapital, und die Rennen sind für die Pferde sicher eine Strapaze.

Der Verkehr hier in Luxor ist ohnehin schon chaotisch genug selbst in schmalen Straßen wird mindestens zweispurig in jede Richtung gefahren und wenn es nicht passt, wird gehupt und geschimpft. Dabei wird alles, was sich bewegen lässt zum Transport verwendet. Und wer kein Gefährt oder Esel besitzt, fährt bei anderen mit. Selbst, wenn man sich zu viert auf einem Motorrad durch das Chaos schlängelt.

Tal der Gerechtigkeit

Am nächsten Morgen überqueren wir mit einer Fähre den Nil von Luxor nach Theben. Auf dem Weg ins Tal der Gerechtigkeit, wie das Tal der Könige eigentlich heißt, kommen wir an den 700 Tonnen schweren Memnon Kolossen vorbei. Als wir davorstehen, fragen wir uns, wie zur Zeit der Pharaonen so etwas gewaltiges geschaffen werden konnte. Die beiden Figuren sind heute nicht mehr in bestem Zu-

stand, jedoch ist die königliche Sitzposition mit den Händen auf den Oberschenkeln noch deutlich zu erkennen.

Weiter geht es durch einen Ort, in dem einige Alabasterwerkstätten stehen. Ein kleines Bergdorf unterhalb der Felsengräber der einfachen Bauern und Handwerker. In dem Dorf stehen vereinzelt Häuser mit bunten Reisegemälden zwischen den graugelben anderen Gebäuden. Diese bunten Häuser sind ein eindeutiges Zeichen dafür, dass der Besitzer Mekka schon einmal besucht hat. Ich finde dies ist ein schöner Brauch, denn die bunten Fassaden der Lehmhäuser beleben das Ton in Ton Ocker der Wüste.

Wir verlassen die Ortschaft und erreichen kurz darauf das Tal der Gerechtigkeit. Hier wurden bisher 72 Gräber frei gelegt, das eine mehr, das andere weniger prunkvoll. Aber nur in einem fand man noch die wertvollen Grabbeigaben, die den Pharaonen auf dem Weg zum ewigen Leben ein wenig helfen sollten.

Tut-Ank-Amun hieß der junge Pharao, dessen Beigaben hier gefunden wurden. Der gesamte Schatz steht heute im Museum von Kairo. Aus diesem Grund lohnt es sich auch nicht, dieses Grab zu besichtigen. Tut-Ank-Amun starb jung, so dass das Grab nicht vollendet wurde.

Die beiden Gräber die wir besuchen zeigen noch sehr gut erhalten die mehr als 3000 Jahre alten Gemälde an Wänden und Decken. Erstaunlich, dass dies alles die vielen Jahrhunderte überdauert hat. Jetzt ist es Tag für

Tag dem Atem der Touristen ausgesetzt, die Gräber stehen offen, so tun Abgase und Wetter ihr übriges, kaum jemand in Ägypten macht sich Gedanken darüber, selbst die Touristenbusse laufen den ganzen Tag, damit die Klimaanlage für angenehme Kühlung sorgt, wenn die Touristen aus der Hitze des Tales zurück in die Busse steigen.

Mit unserer Eintrittskarte ins Tal der Könige haben wir drei Grabbesichtigungen frei, so bleibt uns also noch ein Grab zur freien Wahl, dass wir ohne Artifs Leitung besichtigen können.

"You are my friends", heißt es, als wir dem Wärter des Grabes ein kleines Bakshish zustecken, dieser will unsere Eintrittskarten dann gar nicht mehr sehen und zeigt uns mit großem Enthusiasmus die Malereien in der Grabkammer, die hier sehr farbenprächtig ausgefallen sind. Als wir wieder ans Tageslicht treten, kann er es nicht lassen, uns noch einen weiteren Stollen zu zeigen. Dieser liegt etwas oberhalb des Grabes, welches wir besichtigt hatten, in einem Berg, auf dessen anderer Seite der prachtvolle Tempel der Hatschepsut liegt.

Richard, der Mann von dem Paar, welches mit uns zu dieser Kammer aufgestiegen ist, klettert als erster in das dunkle Loch, dessen Eingang nicht wie die anderen Gräber sauber frei gelegt und fein ausgearbeitet ist. Der Stollen geht relativ steil in den Berg hinab, wir rutschen die ersten zwanzig Meter etwa auf losem Sandboden hinab. Richard macht seine kleine Taschenlampe an, da jetzt das Licht von außen nicht mehr ausreicht, der Gang macht einen Bogen nach rechts. Die Frauen bleiben hier oben und klettern zurück. Richard ist ein Draufgänger und trotz des nur schwachen Lichtes der Taschenlampe klettert er jetzt auf felsigem Untergrund weiter hinab. Ich kann es nicht lassen und folge ihm. Der Gang wird etwas flacher, so dass wir gut vorankommen. Dann wird es plötzlich sehr steil, rechts und links werden Ausbuchtungen erkennbar, jedoch finden wir keinerlei Zeichen aus pharaonischer Zeit wie etwa Reliefs, Malereien oder in Fels gehauene Hieroglyphen. Trotzdem kommen wir uns vor wie Archäologen bei ihrer Entdeckung des Grabes von Tut-Ank-Amun. Ich bin sicher auch Richard hat für einen Moment die Welt da draußen vergessen. Plötzlich wird unsere Taschenlampe etwas dunkler, so dass wir den Rückzug antreten müssen. Richard gibt mir die Taschenlampe, da ich nun vor ihm klettern soll. Ich bitte ihn, sich kurz sicheren Halt zu suchen, dann schalte ich die Lampe ab. Es ist unglaublich, nicht einmal wenn man die Augen schließt, ist es so dunkel wie hier in diesem Stollen. Wir bleiben beide für einen Moment ruhig, vor Erstaunen den Atem anhaltend, stehen. Dann klettern wir mit dem wenigen Licht, was die Taschenlampe noch hergibt, zurück. Bald sehen wir das gleißend helle Licht der Wüste durch den Eingang des Stollen schimmern. Bald hat uns die Realität wieder, leider.

Vom Tal der Könige bis zum Tempel der Hatschepsut sind es mit dem Bus etwa zehn Minuten. Dieses prächtigste Eingangsportal eines Grabes in ganz Theben gehört nicht wie die anderen einem König, sondern einer Frau, der einzigen Königin unter den Pharaonen. Die Bergkulisse im Hintergrund hebt die Tempelanlage besonders hervor.

Der Weg zur Fähre führt uns wieder durch das Dorf mit den bunten Häusern. An einem der Häuser, dessen Besitzer eindeutig Mekka schon einmal besucht hat, machen wir halt. Es ist eine Alabasterwerkstatt. Es ist schon erstaunlich, was die Einheimischen aus diesem Stein so alles zaubern. Natürlich will man uns auch das eine oder andere Stück verkaufen, aber in diesem Fall hat der Händler nicht mit der Dummheit zweier Deutscher gerechnet. Natürlich wird wieder gefeilscht, was das Zeug hält, und inzwischen haben auch wir gelernt, und feilschen mit. Irgendwann sind wir auf einem Preis, der in etwa der Grenze entspricht, die wir gerade noch bereit sind zu zahlen, die aber auch der Händler nicht mehr gerne unterschreiten möchte. Dann öffne ich meine Geldbörse und will signalisieren, dass ich mit dem Preis einverstanden bin. Da fällt mir auf, dass wir gar nicht mehr so viel dabeihaben, und ich will mich bei dem Händler entschuldigen. Dieser hält die Aktion für einen gemeinen Feilschertrick, lässt mir die Ware dann aber für das, was ich noch im Portemonnaie habe. Einiges weniger als wir ausgemacht haben. Wir sind zufrieden, er, das sieht man ihm an, gar nicht.

Abends besuchen wir noch einmal den Tempel von Karnak, hier findet an diesem Tag in deutscher Sprache eine Ton- und Lichtschau statt.

Die Lichtspiele auf den alten Gemäuern sind eine interessante Darbietung, die, mit der Untermalung durch die Musik und die Stimmen der Götter, schaurig gewirkt hätte, wäre die Atmosphäre nicht durch den Charakter einer Massenveranstaltung zerstört worden.

Abschied von der Princess Eman

Es kommt die Zeit des Verabschiedens auf dem Kreuzfahrtschiff, ich glaube niemand ist glücklich, das Schiff am nächsten morgen in der Früh verlassen zu müssen. Auch die Besatzung lässt uns spüren, dass unsere Truppe ihnen besonders ans Herz gewachsen ist. Mahmut unser Tischkellner gibt uns seine Adresse schon an diesem Abend, er verlässt das Schiff schon heute, weil er zu seiner Familie nach Luxor fährt. Hans-Joachim (mit Bindestrich), Gudrun, Udo und Dagmar und wir beide nehmen ihn alle noch einmal fest in den Arm. Mahmut el Kamel wird uns fehlen, so einen fröhlichen Kellner gibt es nur selten.

Am nächsten Morgen verabschiedet sich auch unser Zimmerjunge von Martina, er deutet dabei auf seine neue Frisur. Er hat sie sehr modern geschnitten, kurz, nach vorn gekämmt und die Tolle hoch geföhnt, genau wie ich. Ich bin baff.

Wir verlassen das Schiff. Eigentlich ist der Bericht über die Kreuzfahrt hier beendet, doch aus einem besonderen Grund möchte ich den Transfer nach Hurghada hinzufügen.

Kilomenter 85 Quena

Nach der typischen Unruhe in einem Reisebus während der ersten Kilometer, kehrt bald die ebenso typische Ruhe ein, die nach einer anstrengenden Nilkreuzfahrt auch eintreten muss.

Viele beginnen zu dösen, einige hören über Walkman Musik, andere schlafen fest, oder lassen, so wie ich, die Landschaft an sich vorüberziehen.

Ich denke dabei an die Erlebnisse der letzten Tage, an die Tempel, die Artif uns mit hundert "also' s" in einem Satz -an den nur unmöglichsten Stellen- erklärt hat. Ich denke an die Pharaonen, die nur allein Zugang zu diesen gewaltigen Bauten hatten, es müssen mächtige Herrscher gewesen sein. Dann fallen mir die Nilufer ein, die Bauern, die dort überall die Felder mit einer Ruhe bewirtschaften, die wir verlernt haben, die Händler auf dem Basar in Asswan, die ihre Waren lautstark anpreisen, die Vögel auf dem Baum am Ufer, wie sie diesen schmücken, als würde er reichlich Früchte tragen.

Wir verlassen Quena, hier scheint es geregnet zu haben, am Straßenrand sind noch große Pfützen im Nilschlamm. Dabei muss ich an die erschrockenen Gesichter der Ägypter in Edfu denken, die wirklich ängstlich zum Himmel aufblickten, als es dort von oben tropfte.

Hier in Quena ist der Himmel jetzt nur noch leicht bewölkt. Auf dem Weg in die Berge werden die Straßenränder jetzt wieder trockener, bis unsere Fahrzeugkolonne wieder den feinen roten Sand neben uns durch den Fahrtwind aufwirbelt.

Wir fahren auf die ersten Berge zu, die heute, da die Sonne von Wolken bedeckt wird, bedrohlich dunkel aus dem roten Sand hervorstechen. Hier und dort aber, wo die Sonne ein Loch in der Wolkendecke findet, leuchten sie

in ihrem typischen Dunkelrot. Wir haben schon ein großes Stück in den Bergen zurückgelegt, als mir am Horizont dunkelgraue bis fast schwarzblaue Wolken auffallen. Die davor liegenden Sandhügel werden von ein paar Sonnenstrahlen gestreift, so dass sie sich leuchtend von dem düsteren Hintergrund abheben. Ich muss an zuhause denken, was unsere Eltern wohl machen würden, wenn wir aus dieser Wüste nicht zurückkämen.

Düstere Gedanken, ausgelöst wohl durch die Weltuntergangsstimmung, die die Wolken an den Himmel zaubern, überkommen mich. Ich bitte Gott, er soll alle zuhause wissen lassen, dass, wenn uns jetzt etwas zustoßen würde, wir glücklich sterben würden.

Wir fahren auf den Coffeshop bei Kilometer 85 zu, die bedrohlich wirkenden Wolken nehmen jetzt ein Drittel des Himmels ein. Die Berge, die die Straße in Richtung Rotes Meer einrahmen, heben sich durch ihre dunkelrot leuchtende Farbe von den tiefvioletten bis fast schwarzen Wolkentürmen ab.

An dem Shop erwarten uns wieder die Kameltreiber, die sich mit ihrem Tier und uns Touristen gegen ein geringes Bakshish auf Zelluloid bannen lassen wollen, doch diese gestellten Urlaubsfotos sind mir zuwider, außerdem ist mir überhaupt nicht nach fotografieren.

Als wir wieder in den Bus einsteigen wollen, erfahren wir, dass wir mit einem längeren Aufenthalt hier oben rechnen müssen, die Straße nach Hurghada ist schlammig und überflutet. Die düsteren Wolken haben ihre Wassermassen in die Wüste von Hurghada und die Gebirgszüge an der Küste geschüttet. Nun sind diese Wolken auf dem Weg zu uns und quellen über die Berge, als wollten sie den Weg in die Hölle markieren. Um uns herum wird es immer dunkler. Blitze erhellen die tiefblaugraue Wolkenwand. Es beginnt zu regnen. Die letzten unserer Reisegruppe laufen auf den Bus zu, um vor dem heftigen Regen Schutz zu finden. Dann dreht der Fahrer den Bus auf dem Parkplatz, so wird dieser von allen Seiten vom Regen sauber gespült. Schon nach etwa einer Viertel Stunde ist der Schauer vorbei. Die Scheiben beschlagen und die Luft im Bus wird stickig. Wir öffnen die Türen. Neben der Straße fließen kräftige Bäche die Gräben entlang. Das Regenwasser hat sich

mit dem Staub der Wüste zu einem schlammi-
gem gelbroten Brei verdickt und strömt nun
die Straße hinunter. Von Quena kommend
rechts führt in etwa sechshundert Metern
Entfernung eine Eisenbahnlinie parallel zur
Straße vor einem Gebirgszug entlang. Neben
dieser sieht man jetzt, ähnlich wie an unserer
Straße, die Strommasten im Sonnenlicht vor
dem dunklen Hintergrund hellgrau bis fast
türkis glänzen. Das Sonnenlicht reflektiert
matt aus den schlammigen Fluten. Der wieder
hellblaue Himmel mit den weißen Wolkentürmen über uns, lässt die nach Westen abzie-
hende Gewitterfront immer noch bedrohlich
dunkel aussehen. Im Süden steht eine weitere, ebenso dunkle Wolkenwand.

Durch die gleißenden Sonnenstrahlen wird die
Stimmung rund um die Busse jetzt wieder
besser, aber jedem ist wohl klar geworden,
dass hier andere Wetterregeln herrschen als
in Europa, hier kann ein einfaches Gewitter zu
gefährlichen Überschwemmungen führen.

Wir unterhalten uns über die Möglichkeiten,
wann wohl weitergefahren werden kann, doch
bekommen wir von der ägyptischen Polizei keine Informationen, sie wartet auf ein O.K. per

Funk aus den Bergen vor Safaga. Wir haben etwa 12^{30} Uhr, der Boden wird schon wieder trocken und kaum jemand zweifelt noch daran, dass es bald weitergehen kann. Jürgen, einer aus unserer Truppe meint, dies müsse schnell geschehen, da bei Einbruch der Dunkelheit nicht mehr gefahren werden darf, und wir noch mindestens zwei Stunden Weg vor uns haben. Ich teilte seine Meinung, zumal uns klar ist, dass hier die Sonne schon gegen fünf Uhr nachmittags untergeht. Ich bin allerdings auch der Auffassung wir sollten uns keine allzu großen Hoffnungen machen. Ich habe die ganze Zeit das Wolkenspektakel beobachtet und fasziniert festgestellt, dass sich die schon abgezogene Wolkenfront mit der im Süden stehenden Wand zu einem neuen Kraftpaket formiert hat. Weniger faszinierend finde ich, dass die Wolken die Richtung ändern.

Es ist, als wüsste der Himmel, wo wir uns aufhalten. Es ist, als wolle er uns für irgendetwas bestrafen. Die letzten Sonnenstrahlen glitzern auf dem immer noch schlammigen Sand tief im Nordosten noch eine Weile. Dann wird es auch dort ebenso dunkel, wie es über uns schon einige Minuten ist. Im Süden begann dieses Mal das Lichttheater aus zuckenden Blitzen, dass sich für seine Vorstellung eine Kulisse ausgesucht hat, die treffender nicht sein kann. Unterstützt durch ein Konzert aus tiefem Donnergrollen, das hundertfach aus allen Bergen widerhallt. In Sekundenschnelle öffnet der Himmel Seine Schleusen und das seltene Ereignis des Regens in der Wüste beginnt erneut. Diese zweite Gewitterfront ist viel gewaltiger als die Erste und sie hält sich, nachdem sie über uns hinweg gezogen ist, noch eine ganze Weile in den Bergen östlich des Coffeeshops.

Wir verlassen nach etwa zwanzig Minuten wieder den Bus, doch jetzt hat sich das Wasser schon zu breiten Bächen zusammengezogen. Zwischen unserem Bus und dem Coffeeshop fließt ein etwa drei Meter breiter knöcheltiefer Bach. Wie tief es etwa ist, muss man nicht, wie ich, durch ausmessen mit den bloßen Füßen ertasten. Nein, man kann es sehen, das Wasser ist viel klarer als vorhin. Ich bin nur kurz zu dem Shop herüber gegangen, um mir eine Tasse Tee zu holen, doch diese eine Minute an der Theke hat ausgereicht, mich auf eine Insel zu verbannen. Als ich wieder herauskomme, ist das Wasser wieder schlammig, ich kann nicht mehr abschätzen, wie tief es ist, sicher ist nur, es ist einiges tiefer als auf dem Hinweg zum Coffeeshop. Und der Wasserspiegel steigt rapide an. Da der Busfahrer den Wagen auf die Straße fährt, um vom tiefer liegenden, nicht geteerten Parkplatz wegzukommen werde ich unruhig. Ich entschließe mich, bevor das Wasser noch weiter ansteigt, den Weg durch den Schlamm zu wagen. Ich bin überrascht, dass ich in dem jetzt etwa zehn Meter breiten Fluss nur bis zu den Knien versinke. Die Strömung ist allerdings sehr heftig. Auf der Straße angekommen,

diese wird jetzt an den Rändern schon schlammig, drehe ich mich um. Martina steht neben mir. Wir schauen auf die vom Licht der Abendsonne beleuchteten Hügel hinter dem Bahndamm. Wir beobachten, wie unter großen Staubfontänen Geröll in die jetzt reißenden Fluten vor den Bergen stürzt, der Bahndamm wird auf einer Länge von etwa zwanzig bis dreißig Metern einfach weggespült. Die danebenstehenden Stromversorgungsmasten knicken weg wie Streichhölzer. In dem sandigen Boden fehlt einfach allem, was nicht in die Wüste gehört, jeder Halt.

Es ist jetzt recht kühl geworden, und so langsam machen sich alle klar, dass die Nacht nicht mehr fern ist. Die Sonne streichelt mit ihren roten Strahlen die Bergspitzen, es dauert hier nicht lange, bis die steil untergehende Sonne hinter dem Horizont verschwunden ist. Kurz darauf ist es dunkel. Der Himmel, an dem schon die ersten Sterne blitzen, deckt seinen dunkelblauen Samtmantel von Osten beginnend über das Tal. Der westliche Teil schimmert noch eine Weile in dunklem Rot. Dann wird der ganze Himmel dunkel, nur im Osten leuchten noch ein paar Wolken im

Mondlicht. Hin und wieder werden sie von weit entfernten Blitzen aus dem abziehenden Gewitter erhellt.

Die meisten haben sich schon in der Abenddämmerung ein paar warme Sachen für die Nacht aus den Koffern im Stauraum unter dem Bus gekramt. Alle haben sich auf eine unbequeme Nacht auf den Sitzen des Busses eingerichtet. Da das Frühstück für alle die letzte Mahlzeit des Tages gewesen ist, sind viele am Abend im Coffeeshop, der heute wohl das Geschäft seines Lebens macht. Schade nur, dass der Besitzer dies nicht vorhersehen konnte. Daher sind die Vorräte an Keksen und Fladenbroten bald aufgebraucht und es gibt nur noch Tee oder Kaffee.

Die Nacht wird klar, und so bewundern viele, die genau wie ich nicht schlafen können, die unzähligen Sterne.

Am nächsten Morgen geht es kurz nach Sonnenaufgang endlich weiter. Wir fahren über die Straße Richtung Safaga. Rechts und links liegen Fahrzeuge in den aufgerissenen Gräben. Durch die aus den Bergen strömenden Fluten ist die Straße an einigen Stellen völlig zerstört. Metertiefe Furchen sind in die Fahrbahn gerissen worden.

An den Straßenrändern liegen tote Hunde und Esel. Und als wir aus den Bergen in die Ebene kommen, sehen wir, dass einige Häuser stark beschädigt sind. Hier ist das Wasser gesammelt aus den Bergen geströmt und hat eine Spur der Vernichtung hinterlassen. Sogar große Lastwagen hat es hier von der Straße gerissen.

Hurghada

Hurghada ist ein typischer Badeort am Roten Meer und Tauchstation für die Fans der wundervollen Unterwasserwelt.

Und genau deshalb haben wir diesen Ort als Erholungsort nach den Anstrengungen der Nilkreuzfahrt gewählt. Da aber immer alles ein wenig anders kommt als erwartet, wird aus der Erholung leider nichts. Hurghada ist von den Unwettern schwer getroffen worden. Fast in der ganzen Stadt ist der Strom ausgefallen, nur die Hotels mit ihren Notstromaggregaten haben ein wenig Licht oder warmes Wasser, solange das Aggregat läuft, und in unserem Hotel läuft es nicht. Also duschen wir kalt, und mit Kerzen. Da in jedem Apartment das Wasser irgendwo durch die Decke getropft ist, liegen überall Matratzen zum Trocknen auf den Wiesen. Das "Buffet" war sehr dürftig, da die Versorgung aus der Nilregion zusammengebrochen ist. Die Straße nach Kairo ist noch immer unpassierbar. Wasser gibt es auch nur rationiert, da die Leitungen weggespült sind. Am problematischsten für uns wird sich aber noch die zusammengebrochene Telekommunikation erweisen.

Ein Fax aus Deutschland erreicht unseren Reiseleiter, der darin aufgefordert wird, uns nicht ausreisen zu lassen, bevor unsere Reise nicht gezahlt wird. Wir sind natürlich irritiert, und möchten die Sache klären, nach Deutschland durchzukommen wird aber unmöglich. Von nun an ist es mit der Erholung vorbei, wir versuchen ständig in Kontakt mit unserem Reisebüro zu kommen, vergeblich. Dann geben wir Udo und Dagmar unseren Urlaubsbekannten, die einen Tag früher nach Hause fliegen, Nachrichten und Aufträge mit. Der Reiseveranstalter, der von unserem Reisebüro noch kein Geld gesehen hat, erklärt sich bereit, das Fax zu widerrufen. Unser Reiseleiter vor Ort will dies jedoch schriftlich haben. Per Fax kommt man aber aus Deutschland nicht durch. Parallel zu der offiziellen Aktion bereiten wir mit dem eigentlich unbeteiligten Reiseleiter von L' Turs, dem in der Hotellobby unsere Verzweiflung aufgefallen war, die Flucht aus Ägypten vor. Dieses Hin und her zieht sich fast drei Tage durch unseren Urlaub. Erst am späten Abend vor unserer Abreise erklärt sich der Reiseleiter, nachdem wir die Polizei rufen wollen, mit der Ausreise einverstanden.

Diese Tage waren Nerv raubend, wir haben uns hilflos in den Armen gelegen und Tränen vergossen. Trotzdem, ich möchte keine Minute dieser Reise missen.

Nachwort

Dies war, wie zu erwarten, nicht die letzte Reise nach Ägypten. Und auch wenn dieses die prägendste Reise für uns war, so trafen wir die wichtigste Entscheidung unseres Lebens einige Jahre später, bei einer Reise in den Sinai. Während des Schauspiels des Sonnenaufgangs auf dem Gebel Musa beschlossen wir ein Kind zu adoptieren.

Der glückliche Zufall wollte, dass es Zwillinge wurden, wodurch wir vor über 20 Jahren eine Familie wurden.